Bajo el arco de las palabras

FRANCISCO MAS-MAGRO Y MAGRO

Bajo el arco de las palabras

© Del texto: Francisco Mas-Magro y Magro
© De esta edición: NPQ Editores
www.npqeditores.com
edicion@npqeditores.com

Primera edición: noviembre, 2023
Impreso en España

Los papeles que usamos son ecológicos, libres de cloro y proceden de bosques gestionados de manera eficiente.

ISBN: 978-84-19924-29-2
Depósito legal: V-3877-2023

FRANCISCO MAS-MAGRO Y MAGRO

Bajo el arco de las palabras

ÍNDICE

PRÓLOGO — 7

Elegía a Viverdi — 15

PRIMERA PARTE. SOMBRAS — 17

Averiguar el tiempo — 19

Bajo el arco de las palabras — 20

Abrazaré tu sombra — 21

Barquita sin velas — 23

Camino de cadáveres — 24

Como un duende de caricia conocida — 27

Considerando la llamada — 29

Epílogo: De transit animae et spes — 30

Será la muerte ese día — 33

Y será mi entorno... — 35

Pasan los años — 36

Pesadillas — 39

Lamento por el poeta Ricardo Bellveser — 43

Sumario — 44

SEGUNDA PARTE. MEMORIA — 47

Sobre tus cartas — 49

Memoria — 50

Fibromialgia dos — 52

La plancha — 54

El retrato — 56

Poema a Carmen — 57

El horizonte — 61

Aula — 63

Telaraña — 65

Una historia apócrifa de los nueve (novísimos) — 66

Acuden los poetas — 68

ADAGIO 73
Se me hace tarde 75
Compendio 77

AGRADECIMIENTO 79

PRÓLOGO

*B*ajo el arco de las palabras, de Francisco Mas-Magro es una reflexión poética sugestiva e inquietante; en ella se ocultan vivencias, sensaciones, sueños, añoranzas, el tiempo que huye y nos consume lentamente. Denso y difícil, su libro conduce a lo largo del tiempo, de su tiempo y del nuestro, y un estremecimiento inevitable conmueve el interior de la cotidianidad en la que se desarrolla su lirismo.

El segundo poema del libro, titulado como la totalidad del mismo, es una definición explícita, catafórica, de su contenido y significación. Unas palabras que nos convocan a indagar su contenido sensible y preciso: «Bajo el arco de las palabras / quedan los sueños: / los miedos arrastrados a la noche. / La memoria que se niega en la mañana». Un itinerario ambicioso en el que Mas-Magro nos sorprenderá en su acertada expresión.

El libro lo ha dividido en dos partes bien estructuradas: «Sombras» y «Memoria». Esta división, aunque presente una intención convergente que se proyecta en su entorno, diferencia perfectamente las dos partes.

«Sombras» podríamos definirlo como una elegía. Para el hispanista Bruce W. Wardropper (Edimburgo, 1919-Durham, EE. UU., 2004) la denominación de *elegía* se debería reservar para la muerte de una persona concreta, y *llanto* —afín al *plant* o *plany* de la literatura trovadoresca provenzal o catalana medieval— sería la denominación precisa para la muerte en general, no individualizada en un personaje concreto; de manera que, según estas definiciones, aquel poema que García Lorca titula «Llanto por Ignacio Sánchez Mejías» no debería verse como *llanto*, sino como una *elegía*.

«Sombras» es un *llanto* sobre la muerte, la muerte como una devastación incomprensible: «Juega cuando niños. / Recorre el camino de la vida, ¬[1] como sombra». La complejidad de los textos conlleva un análisis singular. Y así, «Lamento por el poeta Ricardo Bellveser», contenido en esta parte del libro, sería una verdadera *elegía* dentro del *llanto* general del apartado.

Poemas de una madurez literaria extrema. «Averiguar el tiempo», un ensueño poético sin respuesta que adentra su significado en nuestro yo profundo. Su discurso es unívoco, una relación que describe, de numerosas formas, la muerte que aguarda en la evocación de la belleza vivida y contemplada, en el presente proyectado al pasado: «regresan a borbotones ¬ algunos recuerdos. / recalcitrantes, obsesivos. ¬ vocean ¬ incansables / una misma ¬ afrenta, / un mismo ¬ dolor / (libres del impuesto de mi conciencia)». Los versos, largos y rotundos en significado, postergan las reinterpretaciones, se desparraman en la página creando, puntualmente, las inevitables raíces o puntos fuertes de su relato.

El recurso a la compaginación: la descomposición de los versos sobre la página se hace necesaria, reforzando la lectura sin impedir una posible recitación del poema:

> Tu sombra abrazaría en ausencia
> de tus manos.
> ¿Cómo se aman las almas?
>
> ¿Tal que se enlazan las nubes
> y se acometen con calma?
> Se ciñen,
> y fluye el placer,
> se derrama en gotas,
> y gota a gota,
> acarician los campos.

---

1 ¬ Indica que baja una línea en el texto sin perder presuntamente la continuidad del verso.

A veces la compaginación se adueña absolutamente del poema, acercándose a la poesía visual sin llegar a identificarse con ella, como podemos contemplar en «Pesadillas»:

Es
   un
       v r i o
        é t g
            de pasión,
             de locura,
de locura,
                    quien empuja
al abismo mis ideas.

No juega en la página para dibujar un objeto, como podría hacerse en un caligrama, trata de afianzar una idea, una sensación o un hecho para que no nos inunde el asombro, para que centremos nuestra comprensión en su discurso, para que asumamos el significado personal de sus palabras, un significado que indefectiblemente se hace nuestro por su rotundidad.

En el poema «Camino de cadáveres», su inventario no puede dejarnos impasibles, es una inmersión en el tiempo que pasa rociado de lágrimas por los que se han ido. «Y, si llora la Muerte, ¬ ¿cómo suena su llanto?», pregunta conturbado. En «Sumario», el poeta es consciente de que camina hacia el final «y que avanzar es volver ¬ a la duda ¬ a la huida. /La vida que transita hacia la muerte». «Pasan los años» y la incertidumbre vacía su esperanza: «dónde / dime, dónde / la muerte pondrá, ¬ la pasión, ¬ la ternura, ¬ la amistad?» Sin embargo, en «EPÍLOGO: DE TRANSIT ANIMAE ET SPES (Del alma a su amada)», la esperanza lo rodea con sus brazos de tiempo, de recuerdo, que nutren un presente que lo impulsan hacia lo desconocido de un futuro soñado.

«Sombras» es la duda y la sombra del recuerdo, el vuelo anhelado del espíritu, el miedo al abandono solitario. «Pasan los años, ya sabes / que pasan los años. No quiero, ¬ amor, / olvidar de tu piel aquel mi temblor como de frío». «Sombras» es el momento vital de recordar los olvidos, un momento de reflexión que empuja al poeta hacia la incertidumbre y al «dolor que cierra la esperanza ¬ de volver a llegar a ti ¬ de nuevo, ¬ labio ¬ dulce / de mi vida». «Sombras» nos muestra los amplios espejos donde podernos mirar sin que se deforme nuestra imagen, la inquietante verdad de nuestra enigmática existencia.

Los recursos literarios de Mas-Magro no se reducen a la ya expresada compaginación. Su texto descriptivo, rico en prosopografías, pragmatografías, epítetos, cronografías, reticencias, definiciones, etopeyas..., entre otras figuras retóricas que lo orientan y lo hacen vívido, palpitante en su proximidad. Los tropos se hallan muy presentes en su sistema poético, el mismo título del libro y de uno de sus poemas, «Bajo el arco de las palabras», es una preciosa y valiosa imagen; la misma *sombra* que el poeta abraza («Abrazaré tu sombra») es una bella metáfora del recuerdo de la amada que se transforma en símbolo. El ritmo que Mas-Magro imprime a sus versos invita a la recitación, lenta, pausada para dar pie a que la sorpresa ilumine su relato, que es en sí una alegoría.

«Memoria», la segunda parte del libro, no es el contrapunto de «Sombras», sino la clara explicación de su memoria, la contemplación de su profundidad... La memoria es, sobre todo, el nacimiento de la esperanza que deviene en juego actual: «Sobre las cartas, / que guardo con cuidado, / navega un barquito como de nuez ¬ relleno / de una luz que abrasa un tiempo de aventura». Y las letras son «hormigas / ardientes como un brazo / del que fluye todo un relato». La memoria se adueña del poeta: «Y el alma, / y el recuerdo / se empapan de presente, ¬ y miran al futuro». Sin embargo, no «dejan licenciar el olvido». El olvido no acaba nunca de desaparecer... Es la lucha infinita del hombre contra la evanescencia del recuerdo.

El poema «La plancha» es una ensoñación sobre ciudades recorridas, el sueño de París, la tarde en Praga junto a Kafka,

Viena... y aquel Múnich de aventura mientras las camisas se alisan con la plancha y sueñan con un Nueva York prometido. Y el ensueño de amor como fondo, su amada.

Todo se intenta recordar lentamente. Y al hacerlo se compone el poema, como en el «Poema a Carmen», breve amor de otoño, con la Alhambra como fondo y los versos de Lorca, traza de amor que huyó por seguiriyas. «Y tus ojos, ¬ y tu piel ¬ tiznada de gitana». Deconstrucción de la memoria en la que «El horizonte / de Ernestina / es una grieta retirada por donde se desliza el mar, / se cuela el cielo. ¬ Se cuelan / campos de roturados repletos de almendros y naranjos». En poesía todo es posible en la memoria. Como en aquella «Aula» lejana de la Facultad de Medicina donde se soñaba mientras José Menese cantaba la esperanza de un mundo mejor, «el mañana llegará». Cantaba con Menese toda el aula: «Guerrillero, guerrillero, / qué bien me suena tu nombre».

Su poema «Telaraña», que dedica al teléfono móvil y describe como una amenaza, «celoso ¬ e impasible al silencio necesario. / Irracional final de un ardiente abrazo».

«Una historia apócrifa de los nueve (novísimos)», es la visión crítica de Mas-Magro contra aquella antología apresurada con la que José María Castellet quiso lavar sus devaneos con el realismo. E ironiza que algunos se colaron en el tren sin pagar y que otros cabalgan junto al tren con enormes dificultades. Y concluye:

Pero a mi qué me importan los halagos
cuando mi interés radica en tus ojos.

Verso del verso

Y después «Acuden los poetas» en un desfile solemne de inquietudes, esas lecturas trémulas que nos precedieron en impulsos de júbilo, de tristeza o de muerte, nuestra inspiración frente a la de otros. Josefina de la Torre, Juana Ibarbourou, Ernestina Champourcín, Alfonsina Storni y Oliverio Girondo, «subido a un tranvía de nieblas», García Lorca como una aparición imperecedera, figuras de tiempo, sombras de recuerdo, poesía ya de la inconsciencia, el subconsciente vívido de todo poeta, y del excelente poeta Francisco Mas-Magro.

Finalmente, una sorpresa más, inesperada. Su «Compendio» son unos versos míos donde Mas-Magro resume ese problema siempre latente de la devastación de la memoria, de la irreversibilidad de nuestra existencia.

Bajo el arco de las palabras deja en el lector atento un poso de añoranza tan humano que nos obliga a releerlo. Y para releerlo, y mucho más para recitarlo, hay que masticar sus palabras. Es una muestra impecable de nuestra poesía lírica actual.

Emili Rodríguez-Bernabeu
Alicante, 1 de noviembre de 2022

Después de todo, todo ha sido nada,
a pesar de que un día lo fue todo.
Después de nada, o después de todo,
supe que todo no era más que nada.

Cuaderno de Nueva York
José Hierro

A mis amigos ya huidos de la Tierra.

ELEGÍA A VIVERDI

Pues si vemos lo presente
cómo en un punto se es ido
y acabado,
si juzgamos sabiamente,
daremos lo no venido
por pasado.

Jorge Manrique

Muerto estás ¿y qué hacemos?
Ni llorar siquiera tu imprevista huida.
No hay olvido siquiera que enfríe
el grato calor de tu recuerdo.
Memoria en la simple realidad
                    de este vacío.
Amigo. Hermano como ángel.
Ángel como hermano.
                Viverdi.

PRIMERA PARTE
SOMBRAS

AVERIGUAR EL TIEMPO

Descubro cómo el tiempo
es camino. La vida.

Llegar a ti fue
                    razón
y abrir el diario,
                      cumplir etapas.

Expectantes palabras,
fabulosas en sí,
promesas de sentidos posibles,
airosas,
aéreas,
airadas,
ariadnas.

Ida Vitale

BAJO EL ARCO DE LAS PALABRAS

Bajo el arco de las palabras
quedan los sueños:
los miedos arrastrados a la noche.
La memoria que se niega en la mañana.

Vuelan como sombras los versos que se agotan
al andar desde el amor hacia la muerte.
Y un solo paso es un camino
de tierra hacia el vacío.

Bajo los arcos
de fatigados versos
                la vida aguarda
                      temerosa
el
    extraño
          salto.

ABRAZARÉ TU SOMBRA

Tu sombra abrazaría en ausencia
                    de tus manos.
¿Cómo se aman las almas?

¿Tal que se enlazan las nubes
y se acometen con calma?
                    Se ciñen,
y fluye el placer,
                se derrama en gotas,
                        y gota a gota,
acarician los campos.

¿Y las almas?

Las nubes...
Cómo delicadas se besan,
                se funden.
Traducen su amor en lluvia
y el goce en ardor de rayo
que brama de agrado y se pierde
estallando alocado en el cielo.

Pero ¿y las almas?

Carente de tus ojos,
solitario del azul de tus hechuras,
¿cederá Hades que tu apariencia
se dibuje en aquel lugar común de la muerte?

Y, así, sumido en la duda
                    te pregunto
a ti, lector,

¿cómo se quieren las almas
                              en el amplio
caminar de lo eterno?

BARQUITA SIN VELAS

La muerte vive del luto,
                    silenciosa,
                    sin malicia,
sin aire de importarle su guadaña.
Vive la muerte y
                    presume su mesura,
                        con sigilo;
la muerte a nuestro lado
                        juega con nosotros.
Juega cuando niños.
Recorre el camino de la vida,
                    como sombra.
Se esconde
            astuta
en el sudor de nuestros gestos.
Se apropia de los besos.

                    Amor de muerte.

Una barquita sin velas, abandonada en la orilla,
se balancea.
Memoria renunciada.
                    Es invierno.

CAMINO DE CADÁVERES

Al enjambre de letras
solo le pido
un momento de calma,
un cerco de silencio
donde poder fotografiarlo.
No, no es necesario
que sonría.

Mientras traigo otras palabras
Ricardo Pochtar

Está el camino sembrado
de cadáveres.
   Amigos de la infancia,
    compañeros de escuela.
Ruete, color de abedul, olor de castaño.
Mario, quizás en el cauce de un arroyo confuso.

Padre, madre,
   extrañados
      todavía
de encontrar en la otra orilla
aquella hija sumisa en sus delirios.

Muertas
sobre la rama de un roble
reverdecido de historias,
Marga y María
    (libremente huidas de su hastiada vida)
y a su lado,
   Mariaencarna,

trenzas de oro al viento de los sueños.

            Mercedes,

                       fugaz amor adolescente.

La risa de Fernando abandonada

                  en un campo de cemento.

Y otro amigo, Juan.

Y Rosa,

         sentada solitaria

            soportando su descanso.

¿Y los maestros?

             Meditan, sobre un ficus,

cómo olvidar el olvido.

Una brisa de vals y un aliento de copla parten del vacío

y un verso.

              ¿Ernestina desde una nube?

                         Es sol que abrasa

y, a pesar de todo, un beso:

               Guadalupe

«Viviendo de costado

pasando de puntillas».

             Grande.

A Francisca

        le pregunto

sobre el charco que la luna ilumina con luz de piedra,

                   Aguirre, ¿son lágrimas?

¿Y Eric Clapton y su dolor irremediable?

¿Es un vivo resto de agua que la montaña nos regala

y empapa

        de soledad la vida?

En el camino,
      más cadáveres sobrevuelan la inquietud de un triste saxo
o el lamento de guitarra,
              voz que grita a Federico asesinado.
Asesinada, su voz de petenera,
              de seguiriya,
                    de mirabrás.
Y, si llora la Muerte,
              ¿cómo suena su llanto?

COMO UN DUENDE DE CARICIA CONOCIDA

En un descuido,
el golpe grave de un violón a ritmo de *fox*
me ha besado la memoria. Fluye desde una caja
de la que brota música como un prodigio.
Es madera milagrosa como el cielo que, supongo,
me espera en el futuro.

Como un soplo he sentido el cachete.
Me devuelve aquel deleite de cuando niño
                              solitario,
tan yo y tan de entonces,
cuando soñaba con abrazos.
                    Soñaba besos.
                    Soñaba gozos.
Y un olor de hogar en cualquier rincón
                        del atardecer,
con el miedo del pasado pintando de escarlata el horizonte.

Jugaba solitario
sintiendo mi casa como único refugio.
Y era un camión rojo de hojalata,
                        aquel juguete
que, golpeando las paredes,
arañaba la pintura gris del pasillo.
                    Y rodeaban compases
de *blues*, de buguis, de foxtrots,
que mi padre tanto amaba.

Y en aquella revuelta de paz, una llamada:
                    «¡Niño, a comer!».
Mi madre
aturdiendo mi juego de ensueños, aventuras,

y un olor a lentejas que me hacía detener el viaje
por aquel camino de pared
que la fantasía me pintaba de tierra en el pasillo.
Era realidad,
            sin embargo,
la voz de mi madre, dulce, alargada de calor y de cariño,
y la imaginación ya contenida,
quien volcaba aquel camión de color prohibido
que caía despeñado, no sé de qué montaña,
sobre un río torrencial con sapos y culebras
                     y, a lo peor, algún pirata.

Al golpe del bajo de violón que me llega,
no sé si es antes o es ahora,
vuelo al pasado
            por encima
de aquel suelo de verdes y de pardos,
     sometido al brillo de la cera
y al aroma de la olla elaborada en los fogones.

Silencia el violón su blando ritmo,
rompe la emoción un clarinete
               volando
como un duende de caricia conocida
y el ensueño no perdura más de un lapso.

Todo un viaje que ha durado unos segundos
y pintado en el recuerdo muchos años.
Casi una vida.
       Una pieza del puzle,
       pedacito del tiempo,
       que regresa mansamente
a su rincón del recuerdo.

CONSIDERANDO LA LLAMADA

> He ido a visitarle adonde le dejé,
> abierto al cielo y la nieve,
> al final de la ladera, en lo más alto.
>
> *Dócil claridad*
> Carlos Doñamayor

Atenderé si la voz es de tierra
seducida el alma ya dormida.
Andará mi carácter a sus pechos
de madre inmanente y sosegada.
Alcanzaré el respiro deseado
anidando mi aliento entre sus brazos.

Dejadme aquí,
        sorbiendo de mi huerto.

EPÍLOGO   A María Teresa

DE TRANSIT ANIMAE ET SPES
(Del alma a su amada)

I

Percepción del tránsito

Alguna vez saltará mi alma a trozos y detendrá el corazón su camino.
Pero, dime, ¿quién reunirá en aquella nube
                                        estas mis viejas palomas?
Observa cómo vuelan libres al destino y piensa
si caerán, precipitadas, al fin de mi viaje.

Si alguna vez te encuentras con mi muerte
a pedazos de lágrimas, a pedazos de risas, a pedazos
de manos que señalan,
                              no olvides
que, aun distante, podré enamorarte.
Será un silencio tallado en tu vida.

Si alguna vez te saltan mis versos, como a trozos,
di que son delirios de amor, maltrechos llantos.
Será mi alma huida soñando con tu lecho.

II

El vuelo del espíritu

No sé dónde me hallo. En este lugar advierto
mi cuarto con mirada insegura.
¿Soy yo? Alma errante que dista de los vivos,
que observa orgullosa mis libros en la mesa

aún desordenados.
Que percibe la música en mudez fría,
                    jazz sombra de mi ausencia.
Y desocupados
                de mí, los papeles velan indolentes,
huérfanos de mis manos,
en solitario abandono, vacíos por mi muerte.

Allí, los proyectos
                    cavilan mil sospechas
y algún gemido me dice del recelo, quejidos
como olvidos
                de otras vidas
ocupando un sillón desamparado.
Mientras,
por la ventana, la luz del sol
                        aún señala
el último verso caliente de mi poema.

III

Memoria del alma

Pasa como un relámpago el tiempo
en la eterna quietud, donde no calla la memoria.
Recuerdo,
            ciertamente,
aquel mundo de emociones:
                        el amor,
como sosiego y umbral de la vida.

Aquí, el silencio me ayuda a percibir
sus voces, que son eco de mi asunto;
de aquel tiempo pasado en que su amor fue un mundo

colmado. Santa pasión.
Incertidumbre que ampara inmutable la hora detenida.
Y aún persiste la memoria del alma que no olvida
                    la ternura de sus besos,
su abrazo prolongado en el último suspiro.

IV

Comunión de los Santos

Y, aunque no truenan los clarines, me emplazo a explorar entre las almas
                    sus azules.
Es ardor, un sobresalto en la memoria,
el recuerdo de sus labios y sus ojos.

No sonaron los clarines, sin embargo, azuló el albor en estos prados.
                    Luces
bañadas en esencia de cautela.
Una muchedumbre de almas me contempla
                            persiguiéndote,
amor, en este eterno.

Espíritu, si has huido de la noche, alma mía,
ven junto a mí.
                    En este cielo.

Si muero,
dejad el balcón abierto.

Federico García Lorca

SERÁ LA MUERTE ESE DÍA

Luminosa y tranquila
quiero la muerte aquel día
asido a la mano del Ángel.
Procure la Muerte llevarme de este espacio
de silencios y palabras
a escondidas de tus ojos,
aunque mi alma te nombre con el llanto
en esta descuidada huida.

El llanto
          yacerá en tu mano
sobre el deseo de tus labios.

¿Será mi muerte
el sueño natural de los campos?
Y, después de que suceda,
¿querré vivir contigo?

Perseguiré en tu luz cobijo,
luz de amor y de memoria,
y en la hierba un resguardo
junto al pino abrigo de la infancia.

Flor y oruga, vigías de mi carne
y de mi cuerpo hecho polvo,
un amor enamorado.

Cuando muera,
                  amor,
que la tierra
me acompañe hacia la esencia
y del alma su memoria te abrace en el terreno
de ese huerto caliente en el recuerdo.

Anhelante de ti. Hasta que me lleguen tus manos.

Y SERÁ MI ENTORNO...

A la sazón,
hierbas,
flores y orugas.
La tierra confundida,
mi corazón reseco.
Una calavera ebria de paz eterna
y días infinitos soñando en el alma.

Ella,
     el alma,
aturdida entre alientos,
comunión de los santos,
soñando con los tiempos honrados del amor
                    allá en la tierra.
Y si la suerte deparara
ver tu azul en ese entorno,
sabría del cielo
          en el presente.

PASAN LOS AÑOS

Pasan los años, ya sabes
que pasan los años. No quiero,
                        amor,
olvidar de tu piel aquel mi temblor como de frío
(una ola besa mis pies en el otoño y
gritan con fuerza los corpúsculos de Ruffini).

Los años pasan, ya sabes.
La memoria del dolor. La presencia
de aquel placer azul
tu azul, hecho deseo.
                   Azul de vida.
Pasan, sí, sobre aguaceros, sobre los días.
       Y los años
sobre el frío y el calor,
sobre la lluvia y la sed
que la vida nos anuncia.
                Sí, el tiempo pasa.
Pasa, transita.
Sucede sin piedad bajo una vida que al fin ¿es tormenta?

Y esa muerte que aguarda
                en el final
oscuro,
      final
         eterno,
            ¿dónde,
dime, dónde
la muerte pondrá
        la pasión
        la ternura,
        la amistad?

Tantas lágrimas, tanto sudor, tanto
                        fuego
(cuerpos abrazados
                  y la embriaguez del amor
                         y la piel sonrojada)
proyectado hacia el futuro.

¿En qué montañas, dime, guarecerá tanta vida, ya en la muerte?
¿Bajo qué cielo y con cuáles estrellas,
                  o sin estrellas?
                        ¿Dónde los besos?
O ese amor que arde en tu presencia.

¿Y el olvido?
Cómo me alcanza la memoria taciturna,
la duda de quién soy y si he existido
en el vago acontecer de mi pasado.
Mas me evocan lo ocurrido
el recuerdo de la indudable avaricia de tus labios,
                       sobre mis labios.
Como en el presente,
            ávido manjar,
aún envejecido junto a ti. Y en los años,
                   en el tiempo,
      en la vida,
son amor de sueño de cielo y tierra,
            amor de amor y de olvidos.

¿Perverso es el tiempo,
que ahoga los sentidos?
              Y mi tacto
              y tu misterio.
              Y el sabor de tu boca.

Perverso, que un siglo descalce de mi oído el perfil de tu voz,
cubra de tinieblas el color de tus ojos.

Y pasan los años.
Mas no la pasión de adolescente enamorado.
Cuando, sobre la arena, sentía sangrar el corazón con tu mirada.

PESADILLAS

Como este pájaro
que espera para cantar
a que la luz concluya,
escribo entre lo oscuro…

Ida Vitale, 1984

Sobre los pasos de uno de mis caminos
                    una nube
                              volaba
blanca y gris.
              No era la
                          g   a
                       a   t
                          v   o
                              i
que siempre acompaña mis pasos.

Sin mi permiso,
                  muda,
resolvió
          a
            t
              r
                a
                  v
ese acomodo reservado
                  s
                    a
                      r
          solamente para mí.

        ¡Aléjate,
ave confusa,
        isla de agua
             a   a,
            l   d
             a
vuelve a tu pozo!

Y tú, silencio,
encarama el horizonte,
          cierra
el mar con sus tesoros
           ocultos,
y muéstrame la eternidad con sus limpias aguas.

Es
    un
       v   r i o.
        é t g

           de pasión,
           de locura,
de locura,
              quien empuja
al abismo mis ideas.

So
   lí
    ci
     to
       de ti,
         calma de mis días,
busco en lo eterno,

sin hallar

           cuál

                es

                  el

                      ca

                      mi

                        no,

sobre qué barcos luchar,

      qué velas izar en este mar que vivo.

Pregunto a mi pesadumbre,
¿habrá quien piense en mi locura?

                        Loco

de lóbulo frontal exasperado.

                      Un loco,

desgarrado, aún sin ánimo,
que busca en la letra soluciones

              —o la causa de su infierno—.

Mil ojos.
Mil

    me observan

             en la noche,

cuando tú,

           espejismo,

me arropas con apego

                 y es el lecho

             camastro de mi muerte.

Devoro la vida abrasando el pasado,

                        y el futuro

es un adiós de prudencias,

                adiós

de ríos que no lloran y ven en mi vergel solo descaros.

La vida de un siglo ha huido del poema
y hasta limosna es la palabra,
                          como néctar
que
      libera,
cual veneno que impregna y devuelve
                              mis maneras
(modo que dicen es la norma),
mi modo de ser de siempre:
                    lector
                          de
                            la
                              ley.
Alma aprisionada.

Cuando en medio de la oscura noche
se agigantan los miedos
es porque nos sentimos vulnerables.

En el vértigo azul de una mirada
María Ángeles Lonardi

LAMENTO POR EL POETA RICARDO BELLVESER[2]

I

No llora el árbol, absorto del verdor
de su ramaje. No llora el pájaro
que en grácil vuelo ilustra su albedrío.
Se duele el alma herida por el dardo
del furioso misterio de tu muerte.

II

Lanzado contra mí, es el recuerdo
de tu imagen clavada en mi memoria,
donde viven los miedos y sospechas,
cautivos del dolor y de las penas.

III

Enmudecen tus versos y tus libros,
lloran de amor ungidos de palabras.
Y en la huida regresan de la muerte
otros muertos, sus manos florecidas.

IV

Guadalupe y Almudena. Briones.
Caballero y Escotado. Margarit,
poetas de mi alma, versos vivos.
Poetas de mi alma, luz eterna.

---

2 Ricardo Bellveser Icardo. Valencia, 1948-2021. Escritor, poeta, novelista, ensayista y crítico literario.

SUMARIO

Hace una vida que empecé
a ser, por puro azar, un río
que abrazó con sus aguas
otro cauce entretejido.

Tiempo sin claves
Ida Vitale

Soy consciente de que camino hacia un final
y que avanzar es volver
                    a la duda,
                    a la huida.
La vida que transita hacia la muerte
con la violencia de un torrente entre peñascos
me arrastra con su fuerza de muerte.
Me arrastra y en mis manos se lleva los árboles
que en la infancia me besaron.
Pinos y palmeras enredados con mis juegos.
                    Arrastra
ternuras de una madre.
Amores infantiles.
                    Otro amor,
                              tus ojos.

El tiempo delatado carece de su espacio,
y ampara amarguras sobre una historia
que pesa en el descuido
de un tiempo que sucede con rumores que se olvidan
y trasmite un dolor al advertir como rutina
aquello que al final parece nada.

¿Sabes? Solo me lastima de la huida,
las huellas que sangraron en mis manos,
aquellos rostros tiernos,
                              los gestos malgastados,
los sueños humillados.

El dolor que la muerte enciende son
                                        palabras.
Complicados residuos,
            confundidos descuidos,
errantes brumas
                    como esencia de la vida.
        ¿Alucinaciones?
Dolor que cierra la esperanza
                        de volver a llegar a ti
                                de nuevo,
                                    labio
                                    dulce

de mi vida.

SEGUNDA PARTE
MEMORIA

SOBRE TUS CARTAS

Sobre las cartas,
que guardo con cuidado,
navega un barquito como de nuez
      relleno
de una luz que abrasa un tiempo de aventura.

Navega tu hechura,
sobre el blanco papel,
     como si nieve
        moteada
de cientos de letras
       (hormigas
ardientes como un abrazo
del que fluye todo un relato).

MEMORIA

Años vestidos de días pasan y pasan y pasan,
Sin dejar ni una señal sobre el hueco de la almohada.

Consuelo Jiménez de Cisneros

Sometido ya a los años,
y ciertos poetas leídos,
regresan a borbotones
                              algunos recuerdos.
Recalcitrantes, obsesivos,
                              vocean
                              incansables
una misma
              afrenta,
un mismo
              dolor
(libres del impuesto de mi conciencia).

Y el alma
y el recuerdo
se empapan de presente,
                              y miran al futuro.
Mas no dejan licenciar el olvido.

Desprevenido el desacierto
cree descuidado el pasado
                              y aquí
en mi cabeza escucho
                              pertinaz
su insistente colérico grito.

El dolor se remueve como herida
(¿no cicatrizada en el tiempo?).

Y los ojos se regresan al poeta
que en su libro clama
                    un amor
desnudo de su fuerza
                    y hurga, sin querer
                            o quizás queriendo,
un enjambre de recuerdos,
                    de palabras,
hechos
apiñados
en un hilo.
            Collar que desciende
                    del corazón,
                    del alma,
                    de las manos.
De mi hígado como un descuido

FIBROMIALGIA DOS

(A Diego Vico Cano y Joaquín Sáez Vidal)

Es día once de mayo sobre mi hondura. La fibromialgia
me atrapó en un descuido. Todo se viene abajo.
Federico, en su cama de papel, sobre el deseo
de quien puso en su corazón, ya muerto, el amor de sus palabras.
Te comento, Diego: es imposible el recuerdo.
                                        Es imposible la memoria
abatida mi fuerza; es difícil hacer frente a quien me espera
en el transcurso de las horas. Mis días venideros,
mis proyectos, por ejemplo,
persisten a un lado de la ciudad que siempre me estremece.

Pendiente el propósito, soy incapaz de levantar los ojos,
incapaz de mirar azules de historias reservadas.
Incapaz de pensar amarla;
                              adorarla;
                                        tocarla;
sentir esa piel y su ternura.

Me pesa el maquinal tomar la pluma
como si escribiera sobre una losa.
Dibujar la ansiedad que emana del suceso.
                                        Asumir
el cansancio,
esa debilidad que me duele por el cuerpo,
que se une a un desánimo advertido y adormece el pensamiento.
Me domina la desgana, y la fatiga se adueña de la vida.
(Quiero escribir: mi vida).

Me llamas, Joaquín, amigo, me esfuerzo en responderte librando
un resto de osadía que aún me queda
                              bajo el alma.

Desisto
de tu ruego matinal con café en la plaza,
siquiera las musarañas.
Y el peso del ánimo decide dar por acabado el poema.

LA PLANCHA

(Que tenemos que hablar de muchas cosas.
Compañera del alma...)

Te percibo planchando mi ropa en la cocina, abriendo
versos en los cuellos y en los puños.
Las camisas blancas sueñan
con el Nueva York prometido.
Recuerda, que fue París, al fin, nuestro destino.

Mientras el calor de la ropa empapa tu espacio,
un aroma húmedo y picante envuelve la casa
y los pasillos son ríos que dan
a la habitación donde vive
                              una vida
el sueño de Lisboa en aquel año,
la mañana de Berlín en Friedrichstrasse;
                    la tarde en Praga junto a Kafka;
                    la soledad de Bratislava
y un Danubio azul como aire fresco y con alas.

Corrimos por Viena como si fuera un ritmo
de vals cerca de aquel viejo, pintado en el jardín de Stadtpark.
Vagamos de banco en banco
en ese Múnich de aventura,
(turbación del humo de volcanes y una habitación
en Paul Heyse Strasse).

El caso es
que las camisas sueñan con un Nueva York prometido,
y que al planchar la ropa
                              suda tu frente
y todos los sueños escapan sofocados.

La voz aburrida de la radio
                              rodea
tu tiempo de cansancio.
Mujer poeta, oculta a unas manos,
                              las mías,
dispuestas a tocar ese amor que no declina
con mi voz que a veces no se oye,
palabras que apetecen
                              tus ojos tan cansados.
Cansados.

Un puro deshacer mi cuerpo en tu cuerpo.
                    Lentamente
                         cansado.

EL RETRATO   (A Maitechu)

Sobre la puerta, tu foto de cuerpo en escorzo
y la imagen de un tiempo suspendido.
Los grises son instante de frescura
                              terca en tus ojos.
Imagen que me excita y sonrisa que sacude la esperanza.

POEMA A CARMEN

En Granada, a Carmen, breve amor de otoño

I

Una piedra arrojada sobre el cristal de tu ventana.
Un impacto que rompe, en mil deseos, el transparente vidrio.
Unos vidrios, despedidos por doquier, que tropiezan
                                        conmigo.

Tropieza, tu imagen reconstruida
en cada añico del cristal quebrado.

Tropezando mis pies con las estrellas,
aquellos brillos, un firmamento gris
en la calzada, una exangüe luna
descolgada como candil de neón
y un techo salpicado de luceros.

                        Allá abajo,
sobre la orilla, irreales lucecitas
                                y tú,
aparecida en la ventana
simulando
                nube
                        o un mar distante.

Una fuente con su oscuro frescor
de risa y tus ojos de gitana.
                        Lucías
altanera de mora, radiante entre las parras,
                        lugar de tu morada.
                                Carmen.

Y el marco roto y el espacio inquieto.
Y tu mirada de oculto secreto.

II

Era el amanecer
                cuando en mi sueño,
                      tú, Carmen,
reclamabas campanas de Santa Ana
y que el aire se abriera entre las calles
juntando de miradas las palabras.
                            En las mañanas.
                            En las noches.
En el breve atardecer, Carmen,
era el pueblo espacio de un instante.

Sí, tú el pueblo entero,
con su camino estrecho hacia el asilo;
                          la torre mora,
y el reloj entonado
                que afinaba
                      nuestro tiempo.

Y aquel anciano que, negado en la plaza,
confiaba huir de las miradas,
cubrirse
                de un sol que le cegaba
insolente desde el alba.

III

De nuestro amor una zagala cantaba
entre los árboles de la Alhambra,
                      a una luna,

que en la madrugada,
                    florecía
ajena a tu querer de clavel y enredadera.

Federico dictando entre el romero:
            «Con la sombra en la cintura
            ella sueña en su baranda,
            verde carne, pelo verde,
            con ojos de fría plata».

Y aquella flor,
                traza de amor,
                            cantó por bulerías
                                        besos,
ternuras,
escarchas,
campos
        salpicados de rosales.

IV

Y aquella flor,
                traza del amor,
como flor,
        en breve voló en seguiriyas.
Entró oscuro al tiempo que en la gris niebla
                            fue una espina
                            la noche ya sin luna.

V

Un adiós aceitunado
                    ahogado en su cordura.
Una herida imprudente reservada.
Una elipsis de mar enloquecido,

con su ronco bramar, hondo y profundo.
Un olvido: cautela de lluvias y de vientos.
Silencio de un pueblo amanecido
de sombras
        sin Darro llorando,
sin cerros, oscuros chopos, siquiera
un Sacromonte
        huérfano y distante.

VI

De la noche otoñal de aquellos versos
resta un amor en el recuerdo.
        Un amor casi borrado.
        Un delirio entre sueños
de acento recortado
        y dulce caramelo.
El sopor de una memoria quebrada por los años.
Y tus ojos,
        y tu piel
        tiznada de gitana.

EL HORIZONTE   A Ernestina de Champurcin.

> Como otro día cualquiera,
> acabo de escribir un poema,
> han quedado los versos en silencio.
>
> *Dócil claridad*
> Carlos Doñamayor

El horizonte
de Ernestina
es una grieta retirada por donde se desliza el mar,
se cuela el cielo.
                    Se cuelan
campos roturados repletos de almendros y naranjos.

A veces, los montes, las lomas
                              y los bosques,
acechan tapar la enorme costura tragona.
Codician esconderla de los ojos,
que no escapen por ella las nostalgias,
los aromas de esta naturaleza
                              poliédrica.

Los versos de Ernestina caminan veloces
hacia ese horizonte inalcanzable que es la vida,
se pierden en un infinito cercano y caen
                              esparcidos
en el plano horizontal de la hoja
                              de un libro,
de Carmen Conde,
inmortal lago depósito de sus rimas.

Lanzo mis manos hacia ti, musa, Champurcin, diosa
de imagen perdida en el fulgor de una luz,
eterna quietud de ojos negros.

Y mientras tú, Carmen, esperas que llegue la mañana
como niño rubio de sol y de frescura,
yo suplico de Ernestina un sentimiento,
                              un suspiro
con olor a jazmín entre palmeras.

AULA

Aquel día la Universidad de Granada fue
cerrada por orden de superior autoridad
(A mi vieja Facultad de Medicina)

I

Grita la dictadura,
grita el recuerdo,
mas el aula es un llanto silencioso
                    y apacible.
Aunque el poder añore
                    monotonías,
y haga fácil la muerte
                    sobre la memoria
y la palabra.
Aunque el poder desgarre recuerdos,
                    huya de lo nuevo.
Aunque rompa
            miradas
            bajo un extraño silencio
(es la represión bandera de cobardes)
allí perdura el aula
                    sobre las ideas.
El hombre entero sobre crepúsculos de violencia.

II

He aquí lo que queda
de esa facultad que envejece,
ahí quieta,
en el centro de Granada.
La memoria no se oculta

y ha llegado el mañana
cantado por Menese
                    (don José),
cuando aquella tarde de primavera,
cerrada por decreto,
                    lloraba el canto:
        «No te pierdas, hermano, la esperanza
        que el mañana llegará;
        que'onde hubo candelas
        rescolditos quedan
        y humo saldrá».

III

El aula gritaba:
                    gritaron las manos.
                    Gritaron los puños.
El aula cantaba y bajo el temor,
«No, no nos moverán»,
 con Menese pastoreando,
 aquellos clamores
                    de libertad.
        «... Guerrillero, guerrillero,
        qué bien me suena tu nombre...».

TELARAÑA

A ti, teléfono móvil, estrella de soledades.

Ese tono,
ese timbre que hiere,
                    que deja
un beso en sus raíces.
                    Ese tono,
que arruina el placer,
                    malogra la pasión
haciendo fluir la duda.
Que despoja de mi boca el sabor de tu cuello,
que me aleja de tus labios,
                    puerta azul
                            de amaneceres.
Ese
        monótono señuelo agrio e insolente que lanza,
inoportuno,
                la opaca codicia
                            destructora
de un amor que asoma
            amor que revive
                    el transcurrir del tiempo.

Esa modulación estridente, molesto ruido de agitado vacío.
Trasto celoso
                e impasible al silencio necesario.

Irracional final de un ardiente abrazo.

UNA HISTORIA APÓCRIFA DE LOS NUEVE (NOVÍSIMOS)

En el tren AVE
que regresa a Levante
desde un Madrid que aún persiste,
son nueve los novísimos
                      de Castellet.
Alguno se ha colado
                  sin pagar
el billete del criterio.
Otros cabalgan
           junto al tren
              con
                  enormes
              d
                i
                  f
                    i
                      c
                        u
                          l
                            t
                          a
                            d
                              e
                                s.
Pero a mí qué me importan los halagos
cuando mi interés radica en tus ojos.
                    Verso del verso.

A Pere Gimferrer, Guillermo Carnero, Ana M. Moix, Vicente Molina Foix, Félix de Azúa, José María Álvarez, Josep M. Castellet, Manuel Vázquez Montalbán, Antonio Martínez Sarrión.

Los Nueve Novísimos

ACUDEN LOS POETAS

Mis amigos de entonces,
aquellos que leíais mis versos
y escuchabais mi música:
Luis, Jorge, Rafael,
Manuel, Gustavo...
¡y tantos otros ya perdidos!
Enrique, Pedro, Juan,
Emilio, Federico...,
¿por qué este hueco entre las dos mitades?

Josefina de la Torre

Siente Salinas que el amor
«... de tus ojos, solo de ellos»
camina por la mirada de Josefina de la Torre
y la advierte
         resuelta de canciones
              y de versos que temen
la soledad de Ibarbourou,
«sin voz, sin ojos, sin color ni cara».

Es la muerte
que confunde a Champourcin como en una tristeza,
no quiere saber...
«Ni de esa luz incierta
que retrocede vaga
ni de esa nube limpia
con perfiles de cuento».
Porque Storni se ha marchado
              a vivir con las sirenas
      y es un lamento.

Los pechos de Alfonsina,
                         abrumados,
se juzgan caracolas refugio de peces,
                                  de sal,
                                        de Mar de Plata.
Alivia sus dolores, esa huida
al lugar que es descanso de los muertos.

También allí,
                en ese eterno,
                                Oliverio escribe sus poemas
                                        atrevidos
                                en cotidiano ensueño.
Girondo,
subido a un tranvía de nieblas
        y a sus versos,
imagina viajar en un vagón
                          de luz,
                                  de luna
                      y bandoneón.

Oliverio, equilibrista sobre el vértice del cielo,
con sus ojos observa
                    cómo,
                            allá abajo,
                          el campanario de una iglesia,
en el otro final de la altura,
    «saca de su campana
      una bandada de palomas».

Las palomas vuelan al corazón de Carmen Conde,
prendida de epístolas de una Ernestina
                                        que sueña
con distantes huertos de almendros y palmeras.

Y Concha Méndez
                         llora a Federico,
como Carmen y Ernestina y Juana y Josefina.
                    Saben
de la sangrienta fuga desde el rincón del odio.
Concha llora,
                  «no hay reloj del olvido
                    que sus campanadas vierta
                    en mi pecho dolorido»,
mientras camina Lorca ya sin tiempo entre juglares y querubes
                                        gozados por sus versos.
Casi oigo su voz de alma,
                        atrevida
                            voz de coplas y geranios.

Reclamando las razones de Zambrano,
María Teresa, sobre un trono rojo de piedra,
acaricia caracolas y
                      ríe,
                          León,
caballitos de un mar transparente
                            y verde.
Juegan sus grandes ojos con la infinitud de los mares
                                  eternos,
gracia extensa que dibuja absorta una gran pena,
                                  su memoria
                                  dislocada,
y un Alberti despeñado entre aves
                            y barquitos
acunados por un rizado oleaje que duerme en el recuerdo

mientras la Mallo dibuja estrellas de mar sobre las nubes,
                                  y Miguel,
aliento de pueblo,

la busca por las calles de brisas y de luceros,
sollozando
versos que brotan como de sangre y limoneros.

Chacel
es rosa de aliento enamorado
y se asoma a un mar que duerme
allá abajo
de su almohada.

Y de nuevo, Federico, fulgor de estrellas. Sol de olas.
Y esa luna que «vino a la fragua
con su polisón de nardos».

Una hilera de luciérnagas lleva a Salinas
una razón de amor que Pedro grita:
«¡Si me llamaras!».
Y acuden los poetas.

Adiós, adiós, compañeros imposibles.
Que ya tan sólo aprendo
a morir, deseando
veros de nuevo, hermosos igualmente
en alguna otra vida.

Despedida
Luis Cernuda

ADAGIO

SE ME HACE TARDE

> Quizás mis lentos ojos no verán más el sur
> de ligeros paisajes dormidos en el aire…
>
> Luis Cernuda

Camina la vida
y arrastro tras de ella el corazón ahogado por la prisa.
Jadea
      a continuación del alma.

La vida
      persigue un destino mudable
y siento el azar como un descuido que rehúye los sueños.

Atardece la memoria sobre un libro
                  escrito en el pasado,
con sus páginas cenicientas que fallecen
                        saturadas de sabores.
                        (Colmadas de ti).

Dañado por los años, la ansiedad devora mi tiempo,
una ficción en el puro sentir de la palabra.
Algo me empuja.
Me hace huir hacia esa nada que me llama
—testaruda voz como sirena—.
                  Y percibo
                      el engaño
                      que se escapa;
                      el alma
                      que huye con la muerte.

Tras la vida,
        la esencia
                vuela
                        hacia el abismo que nos dicen.
(La luz que sitúa infinita la eternidad impenetrable).
Y voy añorando
                —no puedo evitarlo—
                        el amor.
Ya no tu amor:
            el otro Amor.
Amor atributo del eterno vacío.

COMPENDIO

Altra vegada més esperaràs
la transcendència del dia necessari,
la vela estesa sobre el blau de la brisa,
la paraula o gavina que enlaira l'oració
sobre la mar encesa de preguntes
enllà l'expert viatge.

Però no tornaràs novament a l'inici.
Veuràs indicis de promeses
i el desig desplegant-se,
però l'inici no.

Otra vez más esperarás
la transcendencia del día necesario,
la vela extendida sobre el azul de la brisa,
la palabra o gaviota que eleva la oración
sobre el mar encendido de preguntas
más allá del experto viaje.

Pero no volverás nuevamente al inicio.
Verás indicios de promesas
y el deseo desplegándose,
pero el inicio no.

Domini del sol
Emili Rodríguez-Bernabeu

AGRADECIMIENTO

A Emili Rodríguez-Bernabeu, quien fue mi profesor en la Escuela de Cardiología del antiguo Sanatorio Cardiovascular de San Vicente del Raspeig, de Alicante.

Poeta y ensayista, Premio Valencia de Poesía. Premio de la Crítica a la Creación Literaria de l'Institut Interuniversitari de Filología y *máxima distinción de la Academia Valenciana de la Lengua (2023)*.

Gracias.